A CHAVE DO AUTOCONTROLE

A CHAVE DO AUTOCONTROLE

WILLIAM
GEORGE JORDAN

TRADUÇÃO
Débora Isidoro

ns
São Paulo, 2025

A chave do autocontrole

Editor: Luiz Vasconcelos
Coordenação editorial: Silvia Segóvia
Tradução: Débora Isidoro
Preparação: João Campos
Revisão: Marsely De Marco
Andrea Bassoto
Diagramação: Manoela Dourado
Capa: Marcelo Siqueira

Texto de acordo com as normas do Novo Acordo Ortográfico da Língua Portuguesa (1990), em vigor desde 1º de janeiro de 2009.

Dados Internacionais de Catalogação na Publicação (CIP)
Angélica Ilacqua CRB-8/7057

Jordan, William George
A chave do autocontrole / William George Jordan ; tradução de Débora Isidoro. -- Barueri, SP : Novo Século Editora, 2025.
128 p. : il.

ISBN 978-85-428-1822-2
Título original: The Kingship of self-control

1. Autoajuda 2. Autocontrole I. Título II. Isidoro, Débora

25-1714 CDD 158.1

Índice para catálogo sistemático:
1. Autoajuda

Uma marca do Grupo Novo Século

Alameda Araguaia, 2190 – Bloco A – 11º andar – Conjunto 1111
CEP 06455-000 – Alphaville Industrial, Barueri – SP – Brasil
Tel.: (11) 3699-7107 | E-mail: atendimento@gruponovoseculo.com.br
www.gruponovoseculo.com.br

SUMÁRIO

A CHAVE DO AUTOCONTROLE

O SER HUMANO TEM DOIS CRIADORES — DEUS E ELE mesmo. Seu primeiro criador fornece a matéria-prima da vida e as leis sob as quais o homem pode decidir o que fazer com essa vida. Seu segundo criador — ele mesmo — tem poderes maravilhosos, mas raramente os percebe. É o que um homem faz de si mesmo que importa.

Quando um indivíduo fracassa na vida, normalmente diz: "Foi Deus quem quis assim". No entanto, quando é bem-sucedido, ele declara, orgulhoso, que é alguém que "se fez sozinho". O homem não foi colocado neste mundo como uma finalidade, mas como uma possibilidade. Seu maior inimigo é ele mesmo. Quando é fraco, torna-se resultado das circunstâncias; mas quando é forte, ele as cria e as transforma em oportunidades. Se vai ser vítima ou vitorioso é algo que depende, em grande parte, dele próprio.

O homem não é grandioso pelo que é, mas pelo que pode se tornar. Até estar realmente consciente da majestade de suas possibilidades, até se dar conta do privilégio de viver a existência a ele designada como uma vida individual e pela qual é o único responsável, ele estará apenas tateando ao longo dos anos.

Para ver claramente sua vida e como pode construí-la, o homem precisa ir sozinho para as montanhas do pensamento espiritual, como Cristo foi sozinho ao Jardim, deixando o mundo para reunir as forças necessárias para viver nele. Lá ele deve respirar o ar fresco e puro do reconhecimento de sua importância divina como indivíduo e, com a mente purificada e vibrando com força renovada, ele então poderá abordar os problemas cotidianos.

O homem precisa abandonar a ideia de que é "pó e ao pó voltará", como dito em sua teologia, e adotar, como um elemento vital em sua religião diária, a concepção de que é "uma grande alma humana com maravilhosas possibilidades". Com essa visão abrangente e estimulante da vida, ele enxerga como pode estabelecer seu reinado por meio do autocontrole. Tanto o autocontrole encontrado nos mais espetaculares exemplos da história quanto o necessário nas fases mais simples da vida diária são exatamente do mesmo tipo e da mesma qualidade, diferentes apenas no grau. O homem pode alcançar esse controle, se quiser; basta pagar o preço.

O HOMEM NÃO FOI COLOCADO NESTE MUNDO COMO UMA FINALIDADE, MAS COMO UMA POSSIBILIDADE. SEU MAIOR INIMIGO É ELE MESMO.

O poder do autocontrole é uma das maiores qualidades que diferenciam o homem dos animais inferiores. Ele é o único animal capaz de viver tanto um conflito moral quanto uma conquista moral.

Cada etapa no progresso do mundo envolveu um novo "controle": escapar da tirania de um fato e alcançar a compreensão e, por fim, dominá-lo. Por eras, o homem olhou aterrorizado para o brilho do relâmpago; hoje ele o entende como eletricidade, uma força que dominou e pôs a seu serviço. As inúmeras etapas das pesquisas sobre a eletricidade não passam de manifestações de nosso controle sobre uma grande força. Mas o maior "controle" de todos é o autocontrole.

A cada momento da vida do homem, ele é rei ou escravo. Quando cede a um apetite errado, a qualquer fraqueza humana; quando cai prostrado impotente, submisso a qualquer condição, a qualquer ambiente, a qualquer fracasso, ele é escravo. No entanto quando, dia após dia, ele esmaga a fraqueza humana, dominando elementos conflitantes dentro de si mesmo, e recria um novo eu a partir do pecado e da loucura de seu passado, então ele é um rei. Ele é um rei governando a si mesmo com sabedoria. Alexandre conquistou o mundo todo, exceto... a si mesmo, Alexandre. Imperador da Terra, ele foi escravo servil das próprias paixões.

Olhamos com inveja para os bens alheios e desejamos possuí-los. Às vezes temos esse sentimento de forma vaga e sonhadora, sem pensar em conquistas reais, como se desejássemos a coroa da Rainha Vitória, ou a satisfação pessoal do Rei William. Mas às vezes ficamos amargos, atacamos a injusta distribuição das coisas boas da vida, para depois recairmos em uma aceitação fatalista e impotente de nossa condição.

O PODER DO AUTOCONTROLE É UMA DAS MAIORES QUALIDADES QUE DIFERENCIAM O HOMEM DOS ANIMAIS INFERIORES.

Invejamos o sucesso alheio, quando deveríamos imitar o processo que levou a tal resultado. Vemos o esplêndido desenvolvimento físico de Sandow[1], mas esquecemos que, quando bebê e criança, ele era tão fraco que havia pouca esperança de sobrevivência.

Às vezes podemos invejar o poder e a força espiritual de um Paulo, sem perceber o fraco Saulo de Tarso a partir do qual ele se transformou por meio do autocontrole.

Fechamos os olhos para milhares de exemplos de sucesso no mundo — sucesso mental, moral, físico, financeiro ou espiritual —, que foram alcançados a partir de um começo muito mais fraco e pobre do que o nosso.

Qualquer homem pode desenvolver o autocontrole, se quiser. Não se deve esperar conquistá-lo de outra maneira que não seja pagando seu preço, na forma de pequenos e progressivos investimentos de energia. Em suas relações com os indivíduos, a natureza acredita piamente num plano de prestações. Nenhum homem é tão pobre que não possa começar a pagar pelo que quer, e todo pequeno pagamento individual que faz, a natureza guarda e acumula para ele, como um fundo de reserva para suas horas de necessidade.

1 Eugene Sandow (1867-1925) é considerado o pai da musculação e criador do fisiculturismo.

A paciência que o homem despende ao suportar as pequenas provações da sua vida cotidiana, a natureza armazena para ele, transformando em uma reserva maravilhosa para períodos de crise. Com a natureza, a energia mental, física ou moral que ele gasta diariamente fazendo o correto é toda guardada para ele e transmutada em força. A natureza nunca aceita pagamento integral à vista por nada — isso seria uma injustiça com os pobres e com os fracos.

A natureza só admite o plano de prestação progressiva. Nenhum homem consegue criar ou abandonar um hábito imediatamente. É uma questão de desenvolvimento, de crescimento. Mas, a qualquer momento, o homem pode começar a construir ou abandonar qualquer hábito. Essa visão de evolução do caráter deveria ser um estímulo poderoso para o homem que deseja sinceramente viver no limite de suas possibilidades.

A CADA MOMENTO
DA VIDA DO HOMEM
ELE É REI OU
ESCRAVO.

O autocontrole pode ser desenvolvido da mesma maneira que tonificamos um músculo: com exercício diário. Vamos realizar todos os dias, como simples exercícios de disciplina em ginástica moral, algumas atitudes que consideramos desagradáveis, mas que vão nos ajudar a agir instantaneamente em nossa hora de necessidade. Os exercícios podem ser muito simples — deixar a leitura de um livro muito interessante, na página mais empolgante da história, por algum tempo; pular da cama assim que acordar; deslocar-se a pé (quando se tem capacidade para isso) em vez de usar o carro; falar com uma pessoa desagradável e tentar tornar a conversa interessante. Esses exercícios diários em disciplina moral terão um maravilhoso efeito tonificante em toda natureza moral do homem.

O indivíduo só pode adquirir autocontrole em coisas grandiosas por meio do autocontrole nas pequenas coisas. Ele precisa estudar a si mesmo para descobrir qual é o ponto fraco em sua armadura, qual é o elemento dentro dele que o impede de conquistar o pleno sucesso. Essa é a característica com a qual devemos começar a exercitar o autocontrole. Egoísmo, vaidade, covardia, morbidez, temperamento, preguiça, preocupação, procrastinação, falta de propósito? Ele precisa descobrir todas as formas que a fraqueza humana assume no baile de máscaras da vida. Depois, deve viver cada dia como se toda sua existência fosse resumida àquele único dia à sua frente. Sem arrependimento inútil em relação ao passado, sem preocupação inútil com o futuro, deve viver o dia como se fosse seu único dia — o único dia que lhe resta para afirmar tudo que é melhor nele, o único dia que lhe resta para vencer tudo que é pior nele. Deve dominar o elemento fraco dentro de si ao menor sinal de manifestação, momento a momento. Cada momento será, então, uma vitória para ele ou para essa fraqueza. Ele será rei ou será escravo? A resposta está com ele.

O HOMEM NÃO É
GRANDIOSO PELO
QUE É, MAS
PELO QUE PODE
SE TORNAR.

OS CRIMES DA LÍNGUA

O SEGUNDO INSTRUMENTO DE DESTRUIÇÃO MAIS LETAL é o canhão de dinamite[2] — o primeiro é a língua humana. A dinamite mata apenas corpos; a língua mata reputações e, muitas vezes, arruína caráteres. Uma arma carregada com dinamite trabalha sozinha; uma língua carregada tem cem cúmplices. O caos provocado pela arma é visível imediatamente. O mal causado pela língua vive ao longo dos anos; até o Olho da Providência[3] pode se cansar de acompanhá-lo até sua extinção.

---

2 Canhão de dinamite é uma peça de artilharia que usa ar comprimido para disparar um projétil explosivo (por exemplo, contendo dinamite). Foi utilizado por um curto período, entre os anos 1880 e o início do século XX.

3 É interpretado como a representação da divina Providência, o olho de Deus observando a humanidade. O Olho da Providência aparece nas notas de dólar.

Os crimes da língua são realizados por meio de palavras de indelicadeza, de raiva, de maldade, de inveja, de amargura, de crítica dura, de fofoca, de mentira e de escândalo.

Roubo e assassinato são crimes horríveis, mas a tristeza, a dor e o sofrimento acumulados que causam a cada ano em uma nação são microscópicos quando comparados às tristezas decorrentes dos crimes da língua. Leve a um dos pratos da balança da Justiça os males resultantes dos atos de criminosos e, ao outro, o sofrimento e as lágrimas resultantes dos crimes de respeitabilidade, e você vai se surpreender quando vir o prato que julgava ser mais pesado ser lançado para o alto.

Poucos de nós sofrem nas mãos do ladrão ou assassino, mesmo indiretamente. Mas quem está livre da língua descuidada do amigo, da língua cruel do inimigo? Nenhum ser humano pode viver uma vida tão verdadeira, tão pura, tão justa, a ponto de estar fora do alcance da malícia ou imune às emanações venenosas da inveja. Os ataques insidiosos contra a reputação do indivíduo, as odiosas insinuações, calúnias, meias-mentiras com as quais a mediocridade invejosa tenta arruinar seus superiores são como aqueles insetos parasitas que matam o coração e a vida de um poderoso carvalho. O método é tão covarde, o disparo de espinhos venenosos é tão sutil, os atos isolados parecem tão insignificantes, que ninguém está a salvo deles. É mais fácil se esquivar de um elefante do que de um micróbio.

OS CRIMES DA LÍNGUA
SÃO REALIZADOS POR
MEIO DE PALAVRAS
DE INDELICADEZA,
DE RAIVA, DE
MALDADE, DE INVEJA,
DE AMARGURA, DE
CRÍTICA DURA, DE
FOFOCA, DE MENTIRA
E DE ESCÂNDALO.

Em Londres havia uma Liga Antiescândalo. Os membros prometiam combater com todos os meios à sua disposição "o costume disseminado de criar escândalo pela palavra, cujas terríveis e intermináveis consequências geralmente não são avaliadas".

Escândalo pela difamação é um dos crimes da língua, mas é só um deles. Cada indivíduo que sussurra uma palavra difamatória é um ativo acionista de uma sociedade dedicada a espalhar o contágio moral. Ele é instantaneamente punido pela natureza com a redução de sua sensibilidade para a doçura e para a pureza, e com a morte da mente para a luz do sol e o brilho da caridade. Desenvolve-se uma assombrosa e genial perversão da visão mental, pela qual cada atitude alheia é explicada e interpretada a partir dos motivos mais vis. Ele se torna parecido com certas moscas de cadáver, que passam direto por canteiros de roseiras para irem se banquetear em um pedaço de carne podre. Desenvolve um faro apurado para a matéria imunda de que se alimenta.

Há travesseiros ensopados de choro; há corações nobres partidos no silêncio em que não se escuta um grito de protesto; há naturezas mansas, sensíveis, marcadas e deformadas; há amigos de longa data separados e percorrendo seus caminhos solitários sem esperança ou lembrança, só com a memória da dor; há mal-entendidos cruéis que fazem a vida inteira parecer escura — e essas são apenas algumas das dores decorrentes dos crimes da língua.

Um homem pode levar uma vida de honestidade e pureza, lutando corajosamente por tudo que considera mais caro, tão firme e certo de sua retidão na vida que nunca, nem por um instante, irá desconfiar da genialidade diabólica que cria e dissemina o mal onde só existe o bem. Algumas palavras ditas em voz baixa pela língua de um caluniador, uma expressão significativa com o olhar, um cruel dar de ombros acompanhado por uma contração dos lábios e pronto, mãos amistosas se tornam frias, o sorriso costumeiro é substituído por uma careta de desdém, e alguém fica sozinho e isolado, atordoado diante da coisa vaga e intangível que causou isso tudo.

CADA INDIVÍDUO QUE SUSSURRA UMA PALAVRA DIFAMATÓRIA É UM ATIVO ACIONISTA DE UMA SOCIEDADE DEDICADA A ESPALHAR O CONTÁGIO MORAL.

Os jornais sensacionalistas de hoje são responsáveis, em grande parte, por essa febre por escândalos. Cada jornal não é uma língua, mas mil ou um milhão delas, todas contando a mesma história putrefata para inúmeros ouvidos. Os abutres do sensacionalismo sentem de longe o cheiro da carcaça da imoralidade. Reconhecem, das partes mais extremas da Terra, o pecado, a vergonha, a tolice da humanidade, e as exibem nuas ao mundo. Não precisam nem de fatos, porque lembranças mórbidas e imaginações férteis fazem até o pior dos acontecimentos do mundo parecerem brandos quando comparados a essas monstruosidades inventadas. Essas histórias, e as discussões que provocam, transformam os leitores em uma força barata e cruel que distorce as atitudes de todos em torno deles.

Se um homem rico faz uma doação para caridade, eles dizem: "Ele fez isso para ter seu nome comentado, para favorecer seus negócios". Se a doação é anônima, dizem: "Ah, é algum milionário suficientemente astuto para saber que não revelar seu nome provoca curiosidade; ele vai tratar de fazer a informação chegar ao público mais tarde". Se ele não faz doações à caridade, dizem: "Ah, ele é apegado ao dinheiro, é claro, como o restante dos milionários". Para a língua vil que faz fofoca e espalha calúnias, a virtude nunca é mais do que uma máscara, ideais nobres são apenas fingimento, generosidade é suborno.

O homem que está acima de seus semelhantes deve esperar se tornar um alvo das flechas invejosas de quem é inferior. Faz parte do preço que ele precisa pagar por seu progresso.

Um dos personagens mais detestáveis em toda literatura é Iago[4]. Com inveja de Cassio, que, promovido, tornou-se seu superior, ele odiava Otelo. Sua natureza era vil, daquelas que se tornam obstinadas por sustentar sua dignidade e falam em "preservar sua honra", esquecendo-se de que estão mortas há tanto tempo que nem mesmo o embalsamamento poderia preservá-las. Iago vertia seu veneno dia a dia. Ressentimento sutil e vingança planejada destilavam o veneno da desconfiança e da suspeita em doses poderosamente insidiosas. Com a mente maravilhosamente focada pela escuridão de seu propósito, ele tecia uma rede de evidências circunstanciais em torno da pura Desdêmona, e depois a assassinou indiretamente pelas mãos de Otelo. Simplicidade, confiança, inocência e ingenuidade fizeram de Desdêmona o alvo mais fácil para as táticas diabólicas de Iago.

---

4 Iago é personagem de William Shakespeare na peça, *Otelo, o Mouro de Veneza*, de 1603.

Iago ainda vive no coração de milhares, que têm toda sua desprezível crueldade sem tanta astúcia. O gotejar constante de suas mentirosas palavras de malícia e inveja por fim desgastam, em muitos casos, a nobre reputação de seus superiores.

Para sustentar nossos julgamentos precipitados, às vezes repetimos como ouvimos e aceitamos sem investigação as palavras desses Iagos modernos: “Bem, onde há fumaça há fogo”. Sim, mas o fogo pode ser só a chama da malícia, o fogo incendiário da reputação alheia provocado pela tocha da inveja, arremessada contra os fatos inocentes de uma vida de superioridade.

OS ABUTRES DO
SENSACIONALISMO
SENTEM DE LONGE
O CHEIRO DA
CARCAÇA DA
IMORALIDADE.

A BUROCRACIA DO DEVER

Dever é a palavra mais sobrecarregada no vocabulário da vida. Dever é a anatomia fria e nua da retidão. O dever olha para a vida como uma dívida a ser paga; o amor vê a vida como uma dívida a ser recebida. O dever sempre envolve fazer avaliações; o amor diz respeito a contar constantemente suas recompensas.

Dever é forçado, como uma bomba; amor é espontâneo, como uma fonte. Dever é prescrito e formal, é parte da burocracia da vida. Significa se mover sobre trilhos morais. É suficientemente bom como ponto de partida; é pobre como finalidade.

O menino que "ficou no convés em chamas"[5] e cometeu suicídio por uma questão técnica de obediência foi apresentado às crianças em idade escolar deste século como um modelo de fidelidade ao dever. O menino foi vítima de uma adesão cega à burocracia do dever. Ele colocava toda a responsabilidade por seus atos em alguém fora de si mesmo. Esperou impotente por instrução na hora de emergência quando devia ter agido por conta própria. Sua atitude foi um sacrifício vazio. Foi um desperdício inútil de uma vida humana. Não fez bem ao pai, ao menino, à prova ou à nação.

5 Referência a um acontecimento real, quando, em 1798, em meio a uma batalha, o filho do comandante do navio francês L'Orient recusou-se a abandonar o convés em chamas, aguardando ordens de seu pai, que já estava morto. O menino morreu quando o navio foi atingido e explodiu. O incidente foi reverenciado no poema "Casabianca", de Felicia Dorothea Hemans, publicado em 1826, e por um século lido nas escolas inglesas e americanas.

DEVER É FORÇADO,
COMO UMA BOMBA;
AMOR É ESPONTÂNEO,
COMO UMA FONTE.

O capitão que afunda com seu navio, depois de ter feito tudo que podia para salvar os outros e quando pode salvar a própria vida sem desonra, é vítima de um falso senso de dever. Cruelmente, ele se esquece dos entes queridos que está sacrificando em terra. Sua morte significa uma saída espetacular da vida, o medo covarde de uma comissão de investigação ou o leal, embora equivocado, senso de dever de um bravo homem. Uma vida humana, com suas maravilhosas possibilidades, é um bem individual sagrado demais para ser jogado na eternidade dessa maneira inconsequente.

Fala-se sobre a "nobreza sublime" do soldado romano em Pompeia cujo esqueleto foi encontrado séculos mais tarde, envolto na lava antes derretida que varreu a cidade condenada. Ele ainda estava em pé em um dos portões, em seu posto de guarda, segurando uma espada por entre os dedos esfarelados. Exibia uma fidelidade mórbida a uma disciplina da qual uma grande convulsão da natureza o libertou. Um autômato teria ficado ali pelo mesmo tempo, com a mesma ousadia, igualmente inútil.

O DEVER OLHA PARA
A VIDA COMO UMA
DÍVIDA A SER PAGA;
O AMOR VÊ A VIDA
COMO UMA DÍVIDA A
SER RECEBIDA.

O homem que dedica uma hora de sua vida a amoroso e consagrado serviço à humanidade faz pelo mundo um trabalho mais elevado, melhor e mais verdadeiro que qualquer sentinela do exército romano prestando homenagem inútil à burocracia do dever. Não há nessa interpretação nenhuma compaixão pelo homem que abandona seu posto quando é necessário; é apenas um protesto contra a perda da essência, da realidade do verdadeiro dever na adoração da mera forma.

Analise qualquer um dos grandes exemplos da história de lealdade ao dever e sempre que parecerem verdadeiros você encontrará a presença do elemento que tornou o ato quase divino. Era dever mais amor. Não foi o mero senso do dever que fez Grace Darling[6] arriscar a vida na horrível tempestade de sessenta anos atrás, quando ela saiu na escuridão da noite, para um mar revolto, a fim de resgatar os sobreviventes do naufrágio do "The Forfarshire". Foi senso de dever, aquecido e vivificado por um amor pela humanidade, foi a coragem heroica de um coração cheio de piedade e compaixão divina.

---

6 Em 1838, Grace Horsley Darling (1815-1842) e seu pai, um faroleiro inglês, arriscaram-se, em meio ao mau tempo, num barco a remo, para resgatarem os sobreviventes do naufrágio do navio Forfarshire.

Dever é um processo duro, mecânico, para induzir os homens a fazerem coisas que o amor tornaria mais fáceis. É um substituto pobre do amor. Não é um motivo suficientemente elevado para inspirar a humanidade. Dever é o corpo do qual o amor é a alma. Na divina alquimia da vida, o amor transmuta todos os deveres em privilégios, todas as responsabilidades em alegrias.

O trabalhador que abandona suas ferramentas ao meio-dia, tão repentinamente quanto se fosse atingido por um raio, pode estar cumprindo seu dever — mas não faz mais do que isso. Nenhum homem alcançou grande sucesso na vida ou se preparou para a imortalidade apenas cumprindo seu dever. Ele precisa disso... e mais. Se põe amor em seu trabalho, o "mais" será fácil para esse homem.

A enfermeira pode se manter fiel à beira do leito de uma criança doente por dever. Mas, para o coração da mãe, o cuidado com o pequeno na batalha contra a morte nunca é um dever; o manto dourado do amor sobre cada atitude faz a palavra "dever" ter um som áspero, como se fosse a voz da profanação.

NA DIVINA ALQUIMIA
DA VIDA, O AMOR
TRANSMUTA TODOS
OS DEVERES EM
PRIVILÉGIOS,
TODAS AS
RESPONSABILIDADES
EM ALEGRIAS.

Quando uma criança se dá mal ao crescer, o pai pode dizer: "Bem, sempre cumpri meu dever com ela". Então não é surpresa que o menino tenha dado errado. "Cumprir seu dever com um filho" muitas vezes implica apenas alimento, moradia, roupas e educação fornecida pelo pai. Ora, uma instituição faria a mesma coisa! A maior necessidade do menino era amor em grandes doses; ele precisava viver em uma atmosfera de doce piedade, aconselhamento e confiança. O pai deveria ser sempre um refúgio infalível, um recurso e inspiração constantes, não só um mero provedor, hotel, guarda-roupa ou escola, que supre as necessidades gratuitamente. A ostentação vazia do mero dever parental é um dos perigos da sociedade moderna.

O cristianismo se apresenta como a única religião baseada em amor, não dever. O cristianismo reúne todos os deveres em uma palavra: amor. Amor é o grande dever ordenado pela religião cristã. O que o dever produz devagar e com grande esforço, o amor alcança em um momento nas asas de uma pomba[7]. O dever não é perdido, condenado ou destruído no cristianismo; ele é dignificado, purificado e exaltado, e todos os caminhos difíceis são suavizados pelo amor.

---

7 "Asas de uma pomba" (1874). Poema de Henry Van Dyke (1852-1933).

O exemplo supremo de generosidade na história do mundo não é a doação de milhões realizada por alguém de renome; é a doação de uma migalha por uma viúva cujo nome nem será conhecido. Por trás da migalha da viúva não há senso de dever; ela foi o pleno, gratuito e perfeito presente de um coração cheio de amor. Na Bíblia, "dever" não é mencionado mais que cinco vezes; "amor", centenas.

Na superação de qualquer fraqueza em nossa estrutura mental ou moral, na conquista de qualquer força, em nossa mais elevada e verdadeira relação com nós mesmos e com o mundo, que "amor", e não apenas "dever", seja sempre nossa palavra de ordem.

Se desejamos viver uma vida de verdade e honestidade, tornando nossa palavra tão forte quanto nosso vínculo, não esperemos nos manter ao longo da estreita linha da verdade, sob o estalar constante do chicote do dever. Vamos começar a amar a verdade, a encher a mente e a vida com a forte luz clara da sinceridade e severa honestidade. Vamos amar a verdade tão intensamente, que ela desenvolverá dentro de nós, sem nosso esforço consciente, um horror sempre presente à mentira.

Se desejamos fazer o bem no mundo, vamos começar a amar a humanidade, perceber mais verdadeiramente a grande nota dominante que soa em cada mortal, apesar de todas as discórdias da vida, o grande vínculo natural de união que torna todos os homens irmãos. Então o ciúme, a maldade, a inveja, as palavras rudes e os julgamentos errados e cruéis serão eclipsados pelo brilho do amor e se perderão nele.

O maior triunfo do século XIX não é seu maravilhoso progresso nas invenções, seu avanço na educação, suas conquistas das regiões escuras do mundo, a disseminação de um elevado padrão mental pela terra, o incrível aumento no conforto material e na riqueza. O maior triunfo do século não é nada disso; é a doce atmosfera de paz que cobre as nações, é a crescente aproximação das pessoas na Terra. Paz não é mais do que o sopro, o perfume, a vida do amor. Amor é o maravilhoso anjo da vida que afasta do caminho do dever as pedras da dor e do sofrimento.

VAMOS COMEÇAR A
AMAR A VERDADE,
A ENCHER A MENTE
E A VIDA COM A
FORTE LUZ CLARA
DA SINCERIDADE
E SEVERA
HONESTIDADE.

A SUPREMA CARIDADE DO MUNDO

A CARIDADE NÃO É CARACTERIZADA POR UMA CAIXA de esmolas. A benevolência de um talão de cheques não atende a todas as necessidades da humanidade. Dar comida, roupas e dinheiro aos pobres é só o início, o jardim da infância da verdadeira caridade. A caridade tem formas mais elevadas e puras de manifestação. Caridade é apenas uma busca natural por justiça na vida. Ela pretende suavizar os lugares difíceis da vida, construir pontes sobre os abismos do pecado e da loucura humana, alimentar o coração faminto, dar força aos que têm dificuldades, ser terna com as fraquezas humanas e, acima de tudo, ela significa obedecer ao mandamento divino: "Não julgarás!".

O verdadeiro símbolo da maior caridade é a balança do julgamento suspensa pela mão da Justiça. Os pratos são tão perfeitamente posicionados que nunca estão em repouso; não ousam parar nem por um momento para pronunciar o julgamento final; cada segundo acrescenta sua partícula de evidência aos dois lados da balança. Com esse ideal diante dele, o homem, consciente da própria fraqueza e fragilidade, não se atreve a tomar para si a divina prerrogativa de pronunciar julgamento severo ou final sobre qualquer indivíduo. Ele vai buscar treinar a mente e o coração para ter maior entusiasmo, pureza e delicadeza ao observar o movimento trêmulo do equilíbrio em que pesam caráteres e reputações daqueles ao seu redor.

CARIDADE É
APENAS UMA
BUSCA NATURAL
POR JUSTIÇA.

É uma grande pena que na vida todas as palavras mais importantes sejam também as mais degradadas. Ouvimos alguns dizerem: "Adoro estudar o caráter das pessoas nos carros e na rua". Eles não estão estudando o caráter; estão apenas observando características. O estudo de caráter não é um quebra-cabeça que se possa resolver do dia para a noite. Caráter é algo mais sutil, esquivo, mutável e contraditório — uma estranha mistura de hábitos, esperanças, tendências, ideais, motivos, fraquezas, tradições e lembranças —, que se manifesta de mil maneiras diferentes.

Só há uma qualidade necessária para a perfeita compreensão do caráter, uma qualidade que, se o homem tiver, pode atrever-se a julgar — é a onisciência. Muitas pessoas estudam o caráter como um revisor se debruça sobre um grande poema: os ouvidos são entorpecidos para a majestade e para a melodia dos versos, seus olhos são encobertos para a mágica imaginação da genialidade do autor; esse revisor está ocupado procurando uma vírgula errada, uma separação indevida, um erro de ortografia. Tem o olhar treinado para as imperfeições, para as fraquezas. Homens que se orgulham da própria sagacidade para descobrir os pontos fracos, a vaidade, a desonestidade, a imoralidade, a intriga e a pequenez alheias, pensam que entendem o caráter. Eles conhecem apenas parte do caráter — só têm conhecimento da profundidade até onde alguns homens podem descer; não conhecem a altura a que alguns podem se elevar. Um otimista é um homem que conseguiu associar-se com a humanidade por algum tempo sem se tornar um cínico.

O ESTUDO DE
CARÁTER NÃO É UM
QUEBRA-CABEÇA QUE
SE POSSA RESOLVER
DO DIA PARA A NOITE.

Nunca vemos o alvo para o qual um homem aponta na vida; só vemos o alvo que ele acerta. Julgamos a partir dos resultados e imaginamos uma infinidade de motivos que ele devia ter em mente. Desde a criação, nenhum homem foi capaz de viver uma vida tão pura e tão nobre a ponto de isentar-se do mau julgamento daqueles que o cercam. É impossível ter mais do que uma imagem distorcida a partir de um espelho convexo ou côncavo.

Se alguém é acometido pelo infortúnio, as pessoas tendem a dizer: "É um julgamento sobre ele". Como sabem? Estavam ouvindo atrás das portas do Paraíso? Quando dor e fracasso nos atingem, olhamos para eles como pacotes mal endereçados que deveriam ter sido entregues em outro lugar. Também passamos muito tempo olhando o jardim do vizinho e pouco tempo limpando o mato do nosso.

Garrafas foram recolhidas do mar a milhares de quilômetros do ponto em que foram lançadas à água. Foram transportadas pelo vento e pelo clima; carregadas pelas correntes marítimas, chegaram a um destino jamais sonhado. Nossas palavras superficiais e descuidadas ao julgar o caráter de alguém, palavras proferidas de maneira inconsequente e, talvez, inocente, podem ser carregadas por correntes desconhecidas e levar dor, aflição e vergonha ao inocente. Um sorriso cruel, um dar de ombros ou um silêncio astutamente eloquente podem arruinar em um momento a reputação que um homem ou uma mulher construiu durante anos. É como se um único movimento da mão pudesse destruir a delicada geometria de uma teia de aranha, tecida com seu corpo e sua vida, e nem todos os esforços do Universo conseguirão devolvê-la ao estado anterior.

Não precisamos julgar tanto quanto acreditamos ser necessário. Estamos vivendo em tempos de julgamentos rápidos. Esse hábito é altamente intensificado pela imprensa sensacionalista. Vinte e quatro horas depois de um grande assassinato, é difícil encontrar um número razoável de homens que ainda não tenham formulado um julgamento para compor o júri. Esses homens, em muitos casos, leram e aceitaram o relato distorcido e muito colorido dos jornais; estão satisfeitos por terem descoberto o assassino, praticamente o julgaram e o sentenciaram. Ouvimos leitores declararem suas decisões com a força e a convicção de alguém que teve todo o Livro da Vida aberto e iluminado diante de si. Se há uma situação na vida em que a atitude do agnóstico é bonita, é quando se trata de julgar os outros. Ele tem a coragem de dizer: "Não sei. Estou aguardando mais evidências. Preciso ouvir os dois lados da situação. Até lá, suspendo todo e qualquer julgamento". Abster-se de julgamento é a forma suprema de exercer a caridade.

NÃO PRECISAMOS
JULGAR TANTO
QUANTO
ACREDITAMOS
SER NECESSÁRIO.
ESTAMOS VIVENDO
EM TEMPOS DE
JULGAMENTOS
RÁPIDOS.

É estranho reconhecermos na vida o direito de qualquer criminoso a um julgamento justo, aberto, mas condenarmos sem ouvir os queridos amigos à nossa volta com base em meras evidências circunstanciais. Contamos só com as evidências dos nossos sentidos, confiamos nelas de forma implícita e permitimos que elas levem embora, como uma maré poderosa, a fé que tivemos por anos. Vemos toda a vida escurecer, a esperança submergir diante dos nossos olhos e os tesouros dourados da memória se tornarem pensamentos cruéis de perda que nos ferem com uma dor enlouquecedora. Nosso julgamento precipitado, que alguns momentos de explicação bastariam para remover, afasta o amigo da nossa vida. Se somos assim injustos com alguém que é querido para nós, o que deve ser a cruel injustiça do nosso julgamento sobre os outros?

Não sabemos nada a respeito das provações, dos julgamentos, das tristezas e das tentações daqueles à nossa volta, sobre os travesseiros molhados de lágrimas, a tragédia de vida que pode se esconder por trás de um sorriso, as preocupações secretas, as dificuldades e as inquietações que abreviam a vida e deixam suas marcas nos cabelos prematuramente embranquecidos e num caráter transformado e recriado em alguns poucos dias.

Às vezes, dizemos a alguém que se apresenta calmo e sorridente: "Você deve ser muito feliz; tem tudo que o coração pode desejar". Pode ser que, naquele exato momento, a pessoa esteja enfrentando sozinha alguma aflição ou tristeza, com os dentes quase mordendo os lábios no esforço de manter os sentimentos sob controle, sentindo que viver parece uma morte em vida para a qual não existe alívio. Então, essas frases inconsequentes e superficiais nos atingem e parecemos tão isolados e separados do restante da humanidade que é como se vivêssemos em outro planeta.

Não vamos nos atrever a acrescentar ao fardo alheio a dor do nosso julgamento. Se pudermos impedir os lábios de expressar, devemos controlar a mente, interromper esse contínuo julgamento dos atos alheios, mesmo que só para nós. Com exercícios diários de autocontrole, vamos aprender a desligar o processo de julgamento, como desligaríamos o gás. Vamos eliminar orgulho, paixão, sentimento pessoal, preconceito e mesquinhez da nossa mente, e emoções mais elevadas e puras entrarão nela, assim como o ar invade o vácuo. Caridade não é uma fórmula; é uma atmosfera. Vamos cultivar a caridade no julgamento; vamos buscar extrair o bem latente no outro, em vez de descobrir o mal escondido. Isso requer que o olhar da caridade veja a borboleta em desenvolvimento na lagarta. Se pudermos ascender à plena glória do nosso privilégio, à dignidade da vida verdadeira, vamos fazer da suprema caridade do mundo nossa palavra de ordem — “Não julgarás”.

ABSTER-SE DE
JULGAMENTO
É A FORMA
SUPREMA DE
EXERCER A
CARIDADE.

PREOCUPAÇÃO, A GRANDE DOENÇA AMERICANA

Preocupação é a forma de suicídio mais popular. A preocupação afeta o apetite, perturba o sono, torna a respiração irregular, prejudica a digestão, irrita o humor, distorce o caráter, enfraquece a mente, estimula a doença e drena a saúde física. Ela é a real causa de morte em milhares de casos em que alguma outra doença é citada no atestado de óbito. Preocupação é veneno mental; trabalho é alimento mental.

Quando a dedicação de uma criança aos estudos a impede de dormir, quando ela se vira na cama murmurando a tabuada ou soletrando palavras em voz alta enquanto dorme, essa criança demonstra que está preocupada. Esse é um dos sinais de perigo que a natureza usa para alertar os pais, e o pai misericordioso deve assumir uma atitude firme. O fardo das tarefas diárias da criança deve ser reduzido, a tensão de sua concentração deve ser aliviada, as horas de sua escravidão à educação devem ser diminuídas.

Quando um homem ou uma mulher sonha com os problemas do dia, quando as horas de sono são dedicadas a girar o caleidoscópio das atividades do dia, então há sobrecarga e preocupação e, comumente, a preocupação deriva da sobrecarga. O Criador nunca pretendeu que a mente saudável sonhasse com os deveres do dia. Um sono sem sonhos ou sonhos com o passado deveriam ser a ordem da noite.

PREOCUPAÇÃO É
VENENO MENTAL;
TRABALHO É
ALIMENTO MENTAL.

Quando o espectro de uma tristeza, um medo, uma dor se coloca entre o olho e a página impressa; quando a voz interior dessa memória irritante, ou desse medo, eleva-se a ponto de encobrir as vozes externas, o indivíduo está em perigo. Quando o dia todo, em todas as horas, a todo momento, existe a dor insistente e surda de alguma coisa que se faz sentir através, acima e abaixo de todos os nossos outros pensamentos, precisamos saber que estamos preocupados. Então só há uma coisa a fazer: temos que parar de nos preocupar; temos que matar essa preocupação.

Os homens sábios desse maravilhoso século fizeram grandes descoberta em suas conversas com a natureza. Descobriram que tudo que foi criado tem uma utilidade. Eles ensinam que não devemos matar moscas com papel revestido de cola adoçada, porque "as moscas são os coletores de lixo da natureza". Eles dizem quais são as obrigações e as responsabilidades especiais de cada um dos micróbios microscópicos com nomes telescópicos. Em seu mais louco entusiasmo científico, eles podem se aventurar a nos convencer de que até o mosquito tem algum propósito real na natureza, mas nenhum homem que já passou pela vida pode dizer com sinceridade uma palavra boa sobre a preocupação.

Preocupação é premeditação que se tornou semente. Preocupação é descontar parcelas de possíveis tristezas futuras para que o indivíduo sofra no presente. A preocupação é a mãe da insônia. A preocupação é a traidora no acampamento, que umedece nossa pólvora, prejudica nossa pontaria. Sob o pretexto de nos ajudar a enfrentar o presente e a estarmos prontos para o futuro, a preocupação multiplica os inimigos dentro da nossa cabeça para minar nossa força.

Preocupação é a mente dominada por uma única ideia vaga, inquieta, insatisfeita, temerosa e assustada. A energia e a força mental que precisam ser concentradas nas sucessivas tarefas do dia são constantemente e sorrateiramente desviadas e absorvidas por uma ideia fixa. Toda a força do trabalho inconsciente da mente, que produz nossos melhores sucessos, que representa nossa melhor atividade, é alterada, desviada e desperdiçada pela preocupação.

Não se deve confundir preocupação com ansiedade, embora as duas palavras concordem em significado, originalmente um "sufocar" ou um "estrangulamento", uma clara referência ao efeito de um gargalo na atividade do indivíduo. A ansiedade enfrenta grandes questões da vida com seriedade, calma e dignidade. A ansiedade sempre sugere uma possibilidade esperançosa; ela atua na preparação e na concepção de medidas para alcançar o resultado.

A preocupação não é uma grande tristeza individual; é uma colônia de diabinhos do medo mesquinhos, vagos, insignificantes e inquietos, que só se tornam importantes a partir de sua combinação, de sua constância, de sua interação.

Quando a morte chega, quando quem amamos se afasta de nós e o silêncio, a solidão e o vazio de todas as coisas nos fazem olhar para o futuro com os olhos secos, nos entregamos, por um tempo, à aflição do isolamento.

Essa não é uma preocupação mesquinha que devemos matar antes que ela nos mate. Essa é a terrível majestade da tristeza que misericordiosamente nos entorpece, embora possa mais tarde tornar-se, pela misteriosa atuação da Onipotência, um novo batismo e uma regeneração. É contra o hábito da preocupação, a constante ampliação de pequenas tristezas para encobrir o sol da felicidade, que protesto aqui.

A ANSIEDADE
ENFRENTA GRANDES
QUESTÕES DA VIDA
COM SERIEDADE,
CALMA E DIGNIDADE.

Para curar a preocupação, o indivíduo precisa ser seu próprio médico; deve dar ao caso um tratamento heroico. Ele deve perceber, com cada fibra de seu ser, a total e absoluta inutilidade da preocupação. Não deve pensar que isso é algo banal ou mera teoria; mas deve, de fato, colocar essas palavras em prática. Ele precisa compreender plenamente que, mesmo que fosse possível passar toda a eternidade preocupado, isso não mudaria em nada os fatos. É tempo de agir, não para se preocupar, pois a preocupação também impede o pensamento e a ação. Se você construir uma coluna de números para fazer a soma, nenhuma preocupação vai poder alterar o resultado da adição desses valores. Esse resultado é revestido pela inevitabilidade da matemática. O resultado só pode ser diferente se os números forem alterados à medida que forem colocados, um a um, naquela coluna.

O único momento em que um homem não pode se dar ao luxo de se preocupar é quando ele se preocupa, é quando ele está enfrentando, ou imagina enfrentar, um ponto crítico em seus assuntos. Esse é o momento em que ele precisa de toda a energia mental para fazer seus planos rapidamente, decidir qual é a decisão mais sábia, manter um olhar claro para o céu e para a direção que ele segue e a mão firme no leme, até que tenha superado a tempestade em segurança.

Existem duas razões pelas quais o homem não deve se preocupar, e ambas devem ser consideradas em todos os casos. Primeiro, porque ele não pode evitar os resultados que teme. Segundo, porque pode evitá-los. Se for impotente para evitar o golpe, ele vai precisar de perfeita concentração mental para enfrentá-lo com coragem, para reduzir seu impacto, salvar dos destroços o máximo que puder e manter-se forte nesse momento em que precisa planejar um futuro novo. Se puder evitar o mal que teme, então ele não precisa se preocupar, pois assim estaria dissipando energia justamente quando mais precisa dela.

Se o homem faz, dia após dia, o melhor que pode com os recursos que tem, não precisa temer, não precisa se arrepender, não precisa se preocupar. Nenhuma agonia advinda da preocupação o ajudaria de maneira alguma. Nem um mortal nem um anjo podem fazer mais do que seu melhor esforço. Se olharmos para trás, para a nossa vida passada, veremos como, no maravilhoso desenrolar dos acontecimentos, as cidades da nossa maior felicidade e do nosso maior sucesso foram construídas às margens dos rios das nossas tristezas mais profundas, dos nossos mais terríveis fracassos.

Percebemos, então, que nossa felicidade ou sucesso atuais teriam sido impossíveis sem alguma horrível porção de aflição ou perda no passado — uma força maravilhosa e potente na evolução do nosso caráter ou da nossa fortuna. Isso deveria ser um estímulo maravilhoso para suportarmos as provações e as tristezas da vida.

É TEMPO DE AGIR,
NÃO PARA SE
PREOCUPAR,
POIS A PREOCUPAÇÃO
TAMBÉM IMPEDE O
PENSAMENTO E A
AÇÃO.

Curar-se da preocupação não é uma tarefa fácil; ela não será removida em duas ou três aplicações do remédio placebo de qualquer filosofia barata, e requer apenas claro e simples bom senso aplicado aos assuntos da vida. O homem não tem o direito de desperdiçar as próprias energias, enfraquecer seus poderes e influência, pois tem deveres inalienáveis com ele mesmo, com sua família, com a sociedade e com o mundo.

PREOCUPAÇÃO É A
MENTE DOMINADA
POR UMA ÚNICA
IDEIA VAGA, INQUIETA,
INSATISFEITA,
TEMEROSA E
ASSUSTADA.

A GRANDEZA DA SIMPLICIDADE

Simplicidade é a eliminação de todas as coisas não essenciais. Ela reduz a vida às suas mínimas necessidades reais e a eleva ao seu poder máximo. Simplicidade significa sobrevivência — não do mais forte, mas do melhor. Na moralidade, mata as sementes do vício e da fraqueza para que as flores da virtude e da força tenham espaço para crescer. A simplicidade elimina o desperdício e intensifica a concentração. Transforma tochas tremeluzentes em poderosos holofotes.

Todas as grandes verdades são simples. A essência do cristianismo poderia ser dada em algumas palavras; a vida inteira deveria ser dedicada a apenas buscar tornar essas palavras reais e vivas em pensamentos e atos. A verdadeira crença individual do cristão é sempre mais simples do que o credo de sua igreja, e sobre a base desses elementos vitais ele constrói sua vida. A mais alta crítica a ele nunca alcança a estatura da sua simplicidade. Ele não se importa se a baleia engoliu Jonas ou Jonas engoliu a baleia. A interpretação minuciosa das palavras e frases é uma dissipação intelectual para a qual não tem tempo. Ele não dá nenhuma importância à anatomia da religião; tem sua alma. Vive sua fé simples em pensamento, palavras e atos, dia a dia. Como a cotovia, ele vive mais perto do chão; como a cotovia, ele voa mais alto rumo ao céu.

A SIMPLICIDADE
ELIMINA O
DESPERDÍCIO E
INTENSIFICA A
CONCENTRAÇÃO.

O religioso cujos sermões são feitos apenas de flores de retórica, trechos de citações, requintes caprichados e lugares-comuns perfumados está — consciente ou inconscientemente — encenando no púlpito. Suas charlotas russas[8], muito doces sobre uma base esponjosa e mole, nunca ajudaram uma alma humana — não dão força nem inspiração. Se a mente e o coração do pregador fossem realmente encantados pela grandeza e pela simplicidade da religião, ele aplicaria, semana a semana, as verdades ressoantes de sua fé aos problemas fundamentais da vida diária. O teste de um sermão forte, simples, é o resultado — não os elogios dominicais de seus ouvintes, mas a melhora da vida deles durante a semana. Pessoas que rezam de joelhos aos domingos e espiam os vizinhos na segunda-feira precisam de simplicidade em sua fé.

Nenhum caráter pode ser simples, a menos que seja baseado em fé — a menos que seja vivido em harmonia com a consciência e os ideais do indivíduo. Simplicidade é a luz pura e branca de uma vida vivida de dentro para fora. Ela é destruída por qualquer tentativa de viver em harmonia com a opinião pública. A opinião

8 A charlota russa é uma sobremesa que faz parte da culinária russa, elaborada com biscoitos e creme aromático feito com chocolate e café.

pública é uma consciência dominada por uma corporação — da qual o indivíduo é só um acionista. Mas o indivíduo tem uma consciência da qual é proprietário único. Ajustar a vida aos próprios ideais é a estrada real para a simplicidade. Afetação é sinal de inferioridade, é uma proclamação desnecessária de que o indivíduo não está vivendo a vida que finge viver.

SIMPLICIDADE
SIGNIFICA
SOBREVIVÊNCIA —
NÃO DO MAIS FORTE,
MAS DO MELHOR.

Simplicidade é desprezo tranquilo pelo que não é essencial na vida. A avidez inquieta pelo que não é essencial é a fonte do descontentamento do mundo. É o esforço constante para superar o brilho alheio que mata a simplicidade e a felicidade.

A natureza, em todas as suas revelações, procura ensinar ao homem a grandeza da simplicidade. Saúde não é mais do que viver a vida física em harmonia com algumas leis simples, claramente definidas. Comida simples, exercício simples, precauções simples que vão operar maravilhas. Mas o homem se cansa das coisas simples, cede às tentações sutis ao comer e beber, ouve o paladar em vez de ouvir a natureza, e sofre. Ele é, então, levado a conhecer de perto a dispepsia, e senta-se como uma criança à própria mesa farta, obrigado a limitar sua alimentação à comida simples que desprezou.

Existe uma força tônica, na hora da dor e da aflição, em escapar do mundo e da sociedade e voltar aos deveres e interesses simples que havíamos diminuído e esquecido. Nosso mundo fica menor, mas se torna mais querido e grandioso. Coisas simples têm um novo encanto para nós e de repente percebemos que estávamos renunciando a tudo que é maior e melhor na busca por algum fantasma.

Simplicidade é a característica mais difícil de simular. A assinatura mais difícil de imitar é a mais simples, mais individual e livre de floreios. A nota mais difícil de falsificar é a que contém menos linhas e os detalhes menos complexos. É tão simples, que qualquer distanciamento do normal é imediatamente aparente. É assim também com a mente e com a moral.

Simplicidade nos atos é a expressão externa de simplicidade no pensamento. Homens que carregam sobre os ombros o destino de uma nação são quietos, modestos, despretensiosos. São frequentemente abrandados, acalmados e simplificados pela disciplina da própria responsabilidade. Não há espaço na mente desses homens para a pequeneza da vaidade pessoal. É sempre o mestre de cerimônias que se torna pomposo quando pensa que o mundo inteiro o observa enquanto ele marcha à frente da procissão. O grande general, curvado sob as honras de muitas campanhas, é simples e despretensioso como uma criança.

O graduado na faculdade assume os ares de alguém a quem é confiada a sabedoria de séculos, enquanto o grande homem de ciência, o Colombo de algum grande continente de investigação, é simples e humilde.

As mais complexas palavras do latim parecem ser necessárias para expressar o pensamento de jovens escritores. Os maiores mestres da literatura no mundo podem levar a humanidade às lágrimas, dar luz e vida aos milhares que se encontram na escuridão e na dúvida, ou condenar uma nação por sua tolice usando palavras tão simples que se tornam lugar-comum. Mas, transfiguradas bela divindade do gênio, essas palavras parecem conter quase um milagre.

SIMPLICIDADE NOS ATOS É A EXPRESSÃO EXTERNA DE SIMPLICIDADE NO PENSAMENTO.

A vida torna-se maravilhosamente bela quando olhamos para ela como algo simples, quando somos capazes de deixar de lado as inquietações, as tristezas, as preocupações e os fracassos triviais e dizer: “Não importa. Não são as coisas reais da vida; são apenas interrupções. Tem algo dentro de mim, minha individualidade, que torna todos esses problemas minúsculos insignificantes demais para terem algum domínio sobre mim”. Simplicidade é o solo mental em que artifício, mentira, fraude, traição, egoísmo e ambição baixa não podem crescer.

O homem cujo caráter é simples olha tão diretamente para a verdade e para a honestidade que não tem consciência de intriga e corrupção no seu entorno. Ele é surdo a insinuações e sussurros sobre erros dos outros. Já uma mente desconfiada suspeitaria de tais erros antes mesmo de eles existirem. Ele desdenha de reagir à intriga com intriga, de adquirir poder pelo suborno, de demonstrar pouco respeito por um inferior que tem uma vitória temporária. Para a verdadeira simplicidade, perceber uma verdade é começar a vivê-la, enxergar um dever é começar a cumpri-lo. Nada grandioso pode entrar na consciência de um homem simples e permanecer apenas como teoria. Simplicidade de caráter é como a agulha de uma bússola — só conhece um ponto, seu Norte, seu ideal.

É O ESFORÇO CONSTANTE PARA SUPERAR O BRILHO ALHEIO QUE MATA A SIMPLICIDADE E A FELICIDADE.

Vamos procurar cultivar essa simplicidade em todas as coisas das nossas vidas. O primeiro passo rumo à simplicidade é "simplificar". O início do progresso ou da reforma mental ou moral é sempre renúncia ou sacrifício. É a renúncia, a eliminação ou o abandono de fases ou hábitos que nos afastam de atitudes mais superiores. Refaça sua dieta e você a simplifica; torne seu discurso mais verdadeiro e elevado e você o simplifica; refaça sua moral e você começa a eliminar seus atos imorais. O segredo de toda grandeza verdadeira está na simplicidade. Faça da simplicidade o principal fator de sua vida e você será grande, por mais que sua vida seja humilde e sua influência pareça pouca. Hábitos simples, maneiras simples, necessidades simples, palavras simples, fé simples — todos são manifestações de uma mente e um coração de simplicidade.

A simplicidade nunca deve ser associada à fraqueza e à ignorância. Ela significa reduzir toneladas de minério bruto a pepitas de ouro; significa a luz do pleno conhecimento; significa que o indivíduo viu a tolice e a nulidade dessas coisas que resumem a vida dos outros. Ele reduziu o que os outros buscam cegamente aumentar. Simplicidade é o sol de uma vida autocentrada e pura, o segredo de qualquer grandiosidade na vida do indivíduo.

O SEGREDO DE
TODA GRANDEZA
VERDADEIRA ESTÁ NA
SIMPLICIDADE.

VIVENDO A VIDA OUTRA VEZ

Alguns anos atrás, durante uma terrível tempestade, um navio foi desviado do curso e, impotente e avariado, foi levado a uma enseada estranha. O suprimento de água acabou e a tripulação sofreu a aflição da sede, mas não se atreveu a beber a água salgada em que a embarcação flutuava. No entanto, no auge do desespero, os tripulantes baixaram um balde pela lateral do barco e beberam o que pensavam ser água do mar. Para alegria e surpresa desses homens, a água era fresca, fria e revigorante. Eles estavam em um canal de água doce e não sabiam. Tiveram simplesmente que estender a mão e receber a nova vida e a força pela qual tinham rezado.

Hoje em dia, o homem com o coração pesado de tristeza, pecado e fracasso a respeito de sua vida passada sente que poderia ter uma vida melhor se tivesse outra chance, se pudesse viver a vida de novo, se pudesse recomeçar do zero com o conhecimento e a experiência atuais. Ele olha com nostalgia para os dias dourados da juventude e lamenta com tristeza as chances perdidas. Depois, volta-se esperançoso para o pensamento para o porvir. Mas, impotente, permanece entre esses dois extremos, ainda ansiando pela chance de uma vida nova de acordo com sua condição melhorada para vivê-la. Em sua cegueira e seu desconhecimento, não percebe, como os navegantes desencaminhados pela tempestade, que a nova vida está em torno dele; tudo que tem que fazer é estender a mão e pegá-la. Cada dia é uma nova vida, cada nascer de sol é um renascimento para ele e para o mundo, cada manhã é o início de uma nova existência para ele, uma nova e grande chance de dar novos e mais elevados usos aos resultados do que já viveu.

O homem que olha para trás, para a própria vida, e diz: "Não tenho do que me arrepender", viveu em vão. A vida sem arrependimento é uma vida sem ganhos. Arrependimento não é mais do que a luz da sabedoria mais plena adquirida com o passado e iluminando o futuro. Significa que hoje somos mais sábios do que éramos ontem. Essa nova sabedoria significa nova responsabilidade, novos privilégios; é uma nova chance de uma vida melhor. Mas se o arrependimento se limita ao próprio arrependimento, é inútil; ele deve tornar-se a revelação de novas possibilidades e a inspiração e a fonte de força para realizá-las. Nem a Onipotência pode mudar o passado, mas cada homem, em um grau que transcende o conhecimento, tem o próprio futuro nas mãos.

A VIDA SEM ARREPENDIMENTOS É UMA VIDA SEM GANHOS.

Se o homem fosse sincero em sua ânsia de viver a vida outra vez, recorreria mais a seus fracassos. Se ele perceber que perdeu horas douradas de oportunidade, que não desperdiçou outras horas em arrependimento inútil, procuraria esquecer essa tolice para ater-se apenas às lições extraídas disso tudo. As perdas causadas por sua extravagância passada com o tempo devem ser minimizadas com a maravilhosa economia dos momentos presentes. Se sua vida passada foi obscurecida pela lembrança de um erro cruel que cometeu com outra pessoa, se não é possível fazer reparações diretas ao prejudicado, que talvez já tenha deixado esta vida, que ele faça do mundo o herdeiro que receberá sua expressão de restituição. Que arrependimento e tristeza se manifestem em palavras de bondade e compaixão, em atos de doçura e amor com todos com quem ele entra em contato. Se ele se arrepende de uma guerra que travou contra um indivíduo, que possa o mundo todo ser incluído em sua lista de beneficiários. Se um homem comete um determinado erro uma vez, o único jeito de expressar adequadamente seu reconhecimento é não cometer um erro semelhante mais tarde. Josh Billings[9] disse: "Um homem que é mordido duas vezes

9 Humorista norte-americano, também conhecido como Henry Wheeler Shaw (1818-1885).

pelo mesmo cachorro está mais bem adaptado a esse assunto do que qualquer outro".

Há muitas pessoas neste mundo que querem viver a vida novamente por terem grande orgulho de seu passado. Parecem os mendigos nas ruas que dizem "ter visto dias melhores". O caráter de um homem não é definido pelo que ele foi, mas pelo que ele se torna ao longo do tempo. Tentar obter um registro presente a partir de um passado distante é como uma pessoa atualmente medíocre que tenta viver de sua ascendência. Olhamos para os frutos nos galhos da árvore genealógica, não para as raízes. Mostrar como uma família degenerou de um nobre ancestral de gerações atrás até seus representantes no presente não é se gabar — é uma confissão desnecessária. Que o homem pense menos em seus ancestrais e mais naqueles que ele está preparando para sua posteridade; menos na virtude passada e mais em seu futuro.

O CARÁTER DE UM HOMEM NÃO É DEFINIDO PELO QUE ELE FOI, MAS PELO QUE ELE SE TORNA AO LONGO DO TEMPO.

Quando o homem suplica por uma chance de viver a vida novamente, há sempre uma inexperiência implícita nisso, uma falta de conhecimento. É indigno até de um covarde. Conhecemos as leis da saúde, mas as ignoramos ou as desafiamos todos os dias. Sabemos qual é a alimentação adequada para nós, individualmente, mas gratificamos o apetite e confiamos em nossa sagacidade para acertar as contas com a natureza, de algum jeito. Sabemos que o sucesso é uma questão de leis simples, claramente definidas, resultado do desenvolvimento de aspectos mentais essenciais, de incansáveis energia e concentração, de pagar o preço constantemente. Sabemos tudo isso, mas não vivemos de acordo com esse conhecimento. Estamos constantemente nos eclipsando em favor dos outros, e depois culpamos o destino.

Muitas vezes, os pais aconselham os filhos contra certas coisas que eles mesmos fazem, na tola esperança de que as crianças acreditem mais nos ouvidos do que nos olhos. Anos de cuidado ensinando uma criança a ser honesta e verdadeira podem ser anulados em um instante por um pai que mente a idade do filho a um condutor para economizar os centavos da passagem de trem. Essa pode ser uma viagem muito cara para a criança e para o pai. Pode ser parte do espírito da época acreditar que não é pecado mentir para uma corporação ou empresa, mas não é sensato dar à criança um exemplo tão impressionante em uma idade em que ela ainda não consegue detectar a falácia.

A única justificativa do homem para viver a vida novamente é a de que adquiriu sabedoria e experiência. Se ele é realmente sincero nisso, então pode viver a vida novamente, pode viver uma vida nova, pode viver a nova vida que chega para ele todos os dias. Que ele deixe o passado, os milhares de ontens agregados, todos os seus erros, pecados, tristezas, aflições e tolices, e comece de novo do zero. Que feche os livros de sua antiga vida, faça um balanço e comece novamente, creditando em sua conta toda a sabedoria que adquiriu com erros e fraquezas do passado e debitando os novos deveres e responsabilidades que resultam da posse desse novo capital de sabedoria. Que critique menos os outros e mais ele mesmo, e que comece com coragem essa nova vida que vai viver.

A ÚNICA JUSTIFICATIVA DO HOMEM PARA VIVER A VIDA NOVAMENTE É A DE QUE ADQUIRIU SABEDORIA E EXPERIÊNCIA.

O mundo precisa de mais vida a cada dia; comece a manhã com ideias novas e claras para o dia, vivendo cada hora e cada momento como se fossem todo o tempo e toda a eternidade. Não há nisso nenhum elemento de desconsideração com o futuro; cada dia é estabelecido em harmonia com esse futuro. É como o capitão conduzindo seu navio para o porto de destino, mantendo o curso dia a dia na direção dele. Essa visão de vida mata o arrependimento mórbido do passado e a preocupação mórbida com o futuro. Muita gente quer grandes e garantidas fatias de vida; essas pessoas não ficariam satisfeitas com o maná fresco todos os dias, como foi dado aos filhos de Israel; elas querem diariamente grandes cestos repletos de pães e cereais.

Vale a pena viver se for de um jeito digno. O homem não é dono de sua vida — não para fazer com ela o que quiser. Ele é apenas acionista dela. Um dia terá que entregá-la junto à contabilidade. A cada virada de Ano Novo é comum fazer novas resoluções, mas na vida real do indivíduo cada dia é o começo de um Ano Novo, se ele assim o fizer. Uma simples data no calendário da eternidade não é capaz de dividir o tempo, assim como um grão de areia específico não divide o deserto.

Não vamos tomar resoluções heroicas tão além de nossa força a ponto de se tornarem lembranças mortas em uma semana; vamos prometer a nós mesmos que cada dia será o novo começo de uma vida nova, melhor e mais verdadeira para nós, para os que nos cercam e para o mundo.

O MUNDO PRECISA DE
MAIS VIDA A CADA DIA;
COMECE A MANHÃ
COM IDEIAS NOVAS E
CLARAS PARA O DIA,
VIVENDO CADA HORA
E CADA MOMENTO
COMO SE FOSSEM
TODO O TEMPO E
TODA A ETERNIDADE.

COMPREENDENDO NOSSAS TRISTEZAS

O HOMEM MAIS EGOÍSTA DO MUNDO É AQUELE MENOS egoísta com suas tristezas. Ele não deixa uma só aflição fora da conversa, não permite que você deixe de sofrer nenhuma delas — entrega todas. Para ele, o mundo é uma corporação criada para compartilhar suas inquietações, preocupações e provações privadas. Seu erro está em formar uma corporação; ele deveria organizar um fundo e o controlar sozinho, e, então, poderia impedir que alguém conseguisse se apropriar de um bocado de suas aflições.

A vida é um problema grande e sério para o indivíduo. Todas as nossas maiores alegrias e mais profundas tristezas chegam para nós — somente para nós. Temos que ir para o nosso Getsêmani — sozinhos. Temos que enfrentar a poderosa fraqueza dentro de nós — sozinhos. Temos que viver nossa vida — sozinhos. Temos que aceitar a plena responsabilidade por nossa vida — sozinhos. Se cada um de nós tem esse poderoso problema da vida para resolver por si mesmo, se cada um tem suas preocupações, suas responsabilidades, seus fracassos, suas dúvidas, seus medos e seus lutos, certamente estamos fazendo papel de covardes quando compartilhamos nossas tristezas com os outros.

Devemos nos esforçar para iluminar a vida das outras pessoas; precisamos incentivá-las em suas dificuldades, mostrando, por meio de nossa coragem ao enfrentar nossas próprias aflições, que é possível superá-las. Devemos tentar esquecer nossos fracassos e nos lembrar apenas da nova sabedoria que eles trouxeram; devemos reduzir nossos pesares contando as alegrias e os privilégios que ainda nos restam; deixar para trás as preocupações e os arrependimentos e encarar cada novo dia de vida com toda a coragem de que somos capazes. Mas não temos o direito de dividir nossas tristezas e nossa infelicidade com a comunidade.

O HOMEM MAIS
EGOÍSTA DO MUNDO
É AQUELE MENOS
EGOÍSTA COM SUAS
TRISTEZAS.

Autobiografia é grande parte da conversa de algumas pessoas. Não é realmente uma conversa — é um monólogo ininterrupto. Essas pessoas estudam a própria vida com um microscópio e depois projetam uma imagem ampliada de suas aflições em uma tela e palestram sobre elas, como alguém que discursa sobre micróbios em uma gota d'água. Elas dizem que "não pregaram o olho a noite toda; ouviram as badalas do relógio a cada quarto de hora". Bem, não existe causa real para exibirmos orgulhosos nossa insônia. Ela não requer nenhum talento especial — embora só acometa pessoas bem acordadas.

Se você pergunta a um desses homens como está se sentindo, ele vai traçar toda a genealogia de sua condição atual até o momento em que teve uma gripe, quatro anos atrás. Você esperava uma palavra; ele lhe dá um tratado. Você pediu uma frase; ele entrega uma enciclopédia. Seu lema é: "Todo homem é seu próprio Boswell"[10]. Ele está distribuindo suas tristezas.

A mulher que faz de suas dificuldades com os filhos, dos problemas com os criados e das dificuldades

---

10 Expressão originária da literatura inglesa: todo homem é seu próprio admirador/biógrafo. Essa expressão deve-se ao fato de James Boswell, biógrafo e jurista escocês, ter escrito a biografia do autor Samuel Jonhson, considerada a maior biografia já escrita em língua inglesa.

com a família assunto da conversa com as visitas está distribuindo suas tristezas. Se ela tem um queridinho inocente que se recusa a ir dormir na hora estipulada, não é mais sensato a mãe lidar com isso tranquilamente, com discrição e em silêncio, em vez de compartilhar sua aflição?

DEVEMOS NOS ESFORÇAR PARA ILUMINAR A VIDA DAS OUTRAS PESSOAS

O empresário que deixa a dispepsia interferir em seu humor e faz todos à sua volta sofrerem porque ele está doente, está distribuindo sua falta de saúde. Não temos o direito de transformar os outros em vítimas dos nossos humores. Se a doença nos deixa azedos e irritados, fazendo-nos ser injustos com trabalhadores fiéis que não podem protestar, que fiquemos em quarentena para não disseminar o contágio. Vamos nos esforçar para falar de maneira lenta, evitar que a raiva se reflita no olhar e controlar o temperamento na voz. Se sentimos que devemos ter dispepsia, que a mantenhamos fora da cabeça, que ela nunca esteja ao norte do pescoço.

Muitas pessoas têm muita pena de si mesmas. Consideram-se uma frase isolada do grande texto da vida. Estudam-se demais separadas do restante da humanidade, em vez de conectarem-se de maneira vital com seus semelhantes. Existem algumas pessoas que se rendem ao sofrimento como outras se entregam à dissipação. Há um orgulho vaidoso na tristeza, assim como na beleza. Muitos indivíduos têm um estranho brilho de vaidade quando olham para o próprio passado e sentem que poucos na vida sofreram as mesmas provações, dificuldades e decepções que eles enfrentaram.

NÃO TEMOS O
DIREITO DE
TRANSFORMAR
OS OUTROS
EM VÍTIMAS
DOS NOSSOS
HUMORES.

Quando a morte chega ao pequeno círculo de entes queridos que compõem nosso mundo, toda a vida escurece para nós. É como se não tivéssemos razão para existir, nenhum objetivo, incentivo ou esperança. O amor que tornava a luta e o esforço suportáveis se foi. Olhamos para o futuro com os olhos secos e não o vemos; não queremos o futuro. Para nós, a vida se tornou um passado — sem futuro. Ela é só uma lembrança, sem uma esperança.

Então, no divino mistério da natureza, sob o toque terno e apaziguador do Tempo, quando os dias se fundem em semanas, começamos a abrir os olhos lentamente para o mundo à nossa volta e o barulho e o tumulto da vida nos incomodam cada vez menos. Nós nos tornamos emocionalmente convalescentes. Com o passar dos dias, em nosso amor profundo, na plenitude de nossa lealdade, protestamos frequentemente com lágrimas nos olhos contra o gradual retorno ao espírito e à atmosfera dos dias do passado. Sentimos, de um jeito sutil, uma nova dor, como se fôssemos desleais com aquela pessoa querida, como se fôssemos infiéis ao nosso amor. A Natureza ignora com doçura nossos protestos e nos diz: “Não existe deslealdade em permitir que as feridas doam menos, em curar gradualmente, se o Tempo ordena que é hora da cura”. Existem algumas naturezas, completamente absorvidas em um amor poderoso, para as quais nenhuma cura é possível — mas essas são criaturas raras na vida.

Por mais amarga que seja nossa aflição, não temos o direito de distribuir tristeza. Não temos o direito de projetar tristeza sobre naturezas felizes com o peso de nossas vestes, cumprindo o período prescrito pela sociedade para o uso do luto — como se a verdadeira dor dependesse de um uniforme. Não temos o direito de distribuir nossa dor usando papel de carta com uma pesada borda preta tão larga quanto a faixa de um chapéu, exibindo assim nossas tristezas a quem está em seus momentos mais felizes.

POR MAIS AMARGA
QUE SEJA NOSSA
AFLIÇÃO, NÃO
TEMOS O DIREITO DE
DISTRIBUIR TRISTEZA.

Se a vida não correu bem para nós, se a sorte nos deixou desconsolados, se o amor esfriou e estamos sentados sozinhos ao lado das brasas mortas; se a vida é para nós um vale de devastação através do qual pernas cansadas precisam carregar um corpo relutante até que o fim chegue, não vamos espalhar essa atmosfera para os que estão à nossa volta; não vamos convidar estranhos às catacumbas das nossas vidas e mostrar os ossos de nosso passado morto; não vamos oferecer aos outros a nossa xícara de pesar, mas, se temos que bebê-la, que seja como Sócrates bebeu sua cicuta — com grandiosidade e heroísmo, sem reclamar.

Se sua vida o levou a duvidar da existência da honra no homem e virtude na mulher; se você sente que a religião é um fingimento, que a espiritualidade é uma farsa, que a vida é um fracasso e a morte é a entrada para o nada; se você absorveu toda a filosofia tóxica dos pessimistas do mundo e cometeu a loucura de acreditar nela — não compartilhe tudo isso.

Se seu semelhante se agarra a uma estaca frágil, o último resquício de uma nobre e naufragada fé em Deus e na humanidade, deixe-o. Não afrouxe os dedos que seguram a esperança, não diga a ele que isso é um delírio. Como você sabe? Quem lhe disse que é assim?

Se esses momentos de maré alta da vida varrem nossa fé na Onipotência para o nada, se o amigo em quem você depositava toda a fé na humanidade e o Deus da humanidade o traíram, não aceite avidamente todos os ensinamentos desses livres pensadores modernos que distribuem sua infelicidade cobrando por assento reservado. Procure recuperar a fé perdida ouvindo as milhões de vozes que falam de sabedoria infinita, de amor infinito, que se manifestam em natureza e humanidade, e depois reconstrua uma nova fé tão depressa quanto puder, uma fé em algo superior, melhor e mais verdadeiro do que conheceu antes.

Você pode ter uma pessoa no mundo a quem possa se atrever a mostrar com toda confiança e fé absoluta qualquer pensamento, esperança e pesar, mas não ouse confiar tudo isso ao mundo. Não convide o mundo à sua intimidade; mantenha suas provações e tristezas tão próximas de você quanto puder até que as tenha dominado. Não enfraqueça os outros assim. Mantenha-as em segurança até que as tenha decifrado e compreendido com tranquilidade.

VAMOS NOS ESFORÇAR PARA FALAR DE MANEIRA LENTA, EVITAR QUE A RAIVA SE REFLITA NO OLHAR E CONTROLAR O TEMPERAMENTO NA VOZ.

AS REVELAÇÕES DO PODER DE RESERVA

Cada indivíduo é um prodígio de possibilidades desconhecidas e irrealizadas.

Nove décimos de um iceberg estão sempre embaixo d'água. Nove décimos das possibilidades do indivíduo, para o bem e para o mal, estão sempre escondidos dele.

A prece de Burns[11], "que possamos nos ver como os outros nos veem", era fraca. A resposta poderia atender apenas à vaidade do homem — só mostraria a ele o que os outros pensam que ele é, mas não o que é. Devemos enxergar a nós mesmos como realmente somos. Mas nenhum homem poderia encarar a radiante revelação dos poderes e das forças latentes dentro

11 Poeta escocês (1759-1796).

dele, subjacentes à vida fraca e estreita que ele vive. Ficaria cego e prostrado como ficou Moisés diante da sarça ardente. O homem não é uma caixa mecânica de música em que o Criador dá corda e faz funcionar, tocando um número determinado de canções prescritas. Ele é uma harpa humana, com infinitas possibilidades de música ainda não despertadas.

As revelações indizíveis da natureza estão em seu poder de reserva. Poder de reserva é o método da natureza para atender a emergências. A natureza é sábia e econômica. Ela poupa energia e esforço e só os entrega quando isso é absolutamente necessário para a vida e para o desenvolvimento, independentemente das condições, e quando surgem novas necessidades, a natureza sempre as atende com seu poder de reserva.

CADA INDIVÍDUO
É UM PRODÍGIO
DE POSSIBILIDADES
DESCONHECIDAS.

Na vida animal, a natureza revela tudo isso de inúmeras maneiras. Animais postos na escuridão de Mammoth Cave[12] aos poucos têm o sentido da visão enfraquecido e os do olfato, tato e audição intensificados. A natureza cuida dos animais, fazendo suas cores se harmonizarem com a tonalidade geral do ambiente para protegê-los de inimigos. Aqueles animais do ártico que, no verão, habitam regiões livres de neve, tornam-se brancos quando o inverno chega. No deserto, o leão, o camelo e todos os antílopes têm mais ou menos a cor da areia e das rochas em meio às quais vivem. Nas florestas tropicais, os papagaios costumam ser verdes; turacos, barbetes e abelharucos têm preponderância do verde em sua plumagem. As cores mudam à medida que o habitat dos animais muda, de geração em geração. A natureza, por meio de seu poder reserva, sempre atende às novas necessidades dos animais com nova força, nova harmonia e novas condições.

Cerca de quarenta e cinco anos atrás, três pares de coelhos foram introduzidos na Austrália. Hoje, o

---

12 O Parque Nacional de Mammoth Cave (em inglês: *Mammoth Cave National Park*) é um parque situado no estado de Kentucky, nos Estados Unidos, muito célebre por nele se encontrar grande parte da mais extensa e mais intrincada rede conhecida de cavernas, grutas e túneis naturais do mundo, o *Mammoth Cave System*, com cerca de 591 km explorados.

aumento desses seis imigrantes pode ser contado aos milhões. Eles se tornaram uma peste para o país. Fortunas foram gastas na tentativa de exterminá-los. Cercas de arame de muitos metros de altura e milhares de quilômetros de comprimento foram construídas para impedir a entrada dos invasores. Os coelhos tiveram que enfrentar condições horríveis para viver, mas superaram o homem. Desenvolveram uma nova unha — uma unha comprida com a qual conseguem se segurar à cerca enquanto a escalam. Com essa mesma unha eles podem cavar quinze ou vinte centímetros sob a rede e, assim, entrar nos campos para encontrar alimento e vida. Agora eles riem do homem. O poder de reserva deu vida a possibilidades latentes para esses coelhos porque eles não aceitaram mansos sua condição e, em sua luta para viver, aprenderam *como* viver.

DEVEMOS
ENXERGAR A
NÓS MESMOS
COMO REALMENTE
SOMOS.

Na vida vegetal, a natureza revela constantemente o poder de reserva. Possibilidades de cores quase infinitas estão presentes em toda planta verde, inclusive nas raízes e nos caules. São necessárias apenas condições apropriadas para revelá-las. Ao entender as leis da natureza, o homem conseguiu fazer folhas tão lindamente coloridas quanto flores. A rosa selvagem só tem uma corola, mas, quando cultivada em solo rico, os numerosos estames amarelos se modificam nas brilhantes folhas vermelhas da rosa-centifólia inteiramente desenvolvida. Esse é só um dos milagres do poder de reserva da natureza. A banana já foi um lírio tropical; o pêssego um dia foi uma amêndoa amarga. Relatar toda a extensão do poder de reserva na natureza seria como escrever a história do Universo em mil volumes.

A natureza acredita muito em "motores duplos". O homem é equipado com quase todos os órgãos em duplicata — olhos, ouvidos, pulmões, braços e pernas, de forma que, se um enfraquecer, seu parceiro é estimulado pelo poder de reserva a fazer o suficiente por dois. Até quando o órgão não é duplicado, como no caso do nariz, existe uma divisão de partes de forma que haja uma reserva constante. Para garantir proteção ainda maior, a natureza tem para cada parte do corpo um dublê em treinamento, para estar preparado em uma crise — como o tato para os cegos.

Quando se assustam, os pássaros eriçam as penas; um cachorro que esteve na água sacode o pelo para que cada fio se separe; o porco-espinho assustado projeta cada espinho. Essas ações são produzidas por "músculos eretores do pelo", que, no homem, são rudimentares e sobre os quais ele não tem controle, em condições ordinárias. Mas em um momento de medo terrível, o poder de reserva ativa a ação desses músculos em um segundo, e o cabelo "fica em pé" na cabeça devido à intensidade do pavor.

RELATAR TODA A
EXTENSÃO DO PODER
DE RESERVA NA
NATUREZA SERIA
COMO ESCREVER
A HISTÓRIA DO
UNIVERSO EM MIL
VOLUMES.

A natureza, que até aqui tem cuidado com tanto carinho das necessidades físicas do homem, é igualmente providente ao armazenar para ele um poder de reserva mental e um poder moral. Os homens podem experimentar fracassos em diversas áreas, mas depois descobrir grande sucesso em uma atividade na qual desconheciam ter qualquer talento. Não devemos nunca nos contentar com o que somos e dizer: "Não adianta tentar, nunca vou poder ser ótimo. Agora não sou nem bom". A lei do poder de reserva está ao nosso lado como uma fada-madrinha e diz: "Existe um feitiço pelo qual você pode transmutar a monotonia da sua condição atual em puro ouro de força e poder — esse feitiço sempre fará com que você dê o seu melhor, sempre ouse mais e alcance plenamente a conquista final, que nunca pode ser determinada com antecedência. Conte comigo para ajudar com novas revelações de força em novas emergências. Nunca se deixe derrubar porque seu poder parece pequeno e seu progresso, lento. Os maiores e melhores homens do mundo foram fracassos em alguma área, fracassaram muitas vezes antes de o fracasso ser coroado com sucesso".

Na mitologia nórdica existe uma crença de que a força do inimigo que matamos entra em nós. Isso tem um aspecto real. Quando dominamos uma paixão, um pensamento, um sentimento, um desejo; quando somos superiores a um impulso, a força dessa vitória, por menor que possa parecer, é armazenada pela natureza como um poder de reserva que nos socorrerá na hora da necessidade.

Se puséssemos diante de quase qualquer indivíduo o mapa completo do seu futuro — provações, tristezas, fracassos, aflições, perdas, doenças e solidão — e perguntássemos se ele poderia suportar tudo isso, ele diria: "Não! Não poderia suportar tudo isso e viver". Mas ele pode e suporta. As esperanças em cuja realização ele apostou todo o seu futuro se desmancham à medida que ele se aproxima delas; amigos em quem ele confiou o traem; o mundo esfria para ele; o filho cujo sorriso é a luz de sua vida desonra seu nome; a morte tira dele a esposa amada. O poder de reserva tem olhado por ele e dado sempre nova força — inclusive quando ele dorme.

Se temos consciência de qualquer fraqueza e queremos superá-la, podemos nos forçar a assumir posições nas quais temos que agir de forma a nos fortalecer por meio dessa fraqueza, fechar as saídas, queimar as pontes atrás de nós e lutar como espartanos até que a vitória seja nossa.

Poder de reserva é como o maná dado aos filhos de Israel no deserto — só o suficiente para sustentá-los por um dia. Cada dia tinha seu novo suprimento de força. Na Torre de Pisa há uma escada em espiral tão íngreme que só se pode ver um degrau de cada vez. Mas a cada degrau vencido, outro é revelado, e assim, passo a passo, até o degrau mais alto. Na divina economia do universo, poder de reserva é uma gradual e constante revelação da força dentro de nós para atender a cada nova necessidade. E não importa qual é nosso caminho na vida, qual é nossa necessidade, devemos sentir que temos dentro de nós infinitas e desconhecidas forças e possibilidades e que, se acreditarmos e fizermos o nosso melhor, o Anjo do poder de reserva vai caminhar ao nosso lado e vai até dividir as águas do Mar Vermelho de nossas tristezas e provações para que possamos atravessá-lo em segurança.

NUNCA SE DEIXE DERRUBAR PORQUE SEU PODER PARECE PEQUENO E SEU PROGRESSO, LENTO. OS MAIORES E MELHORES HOMENS DO MUNDO FORAM FRACASSOS EM ALGUMA ÁREA, ANTES DE O FRACASSO SER COROADO COM SUCESSO.

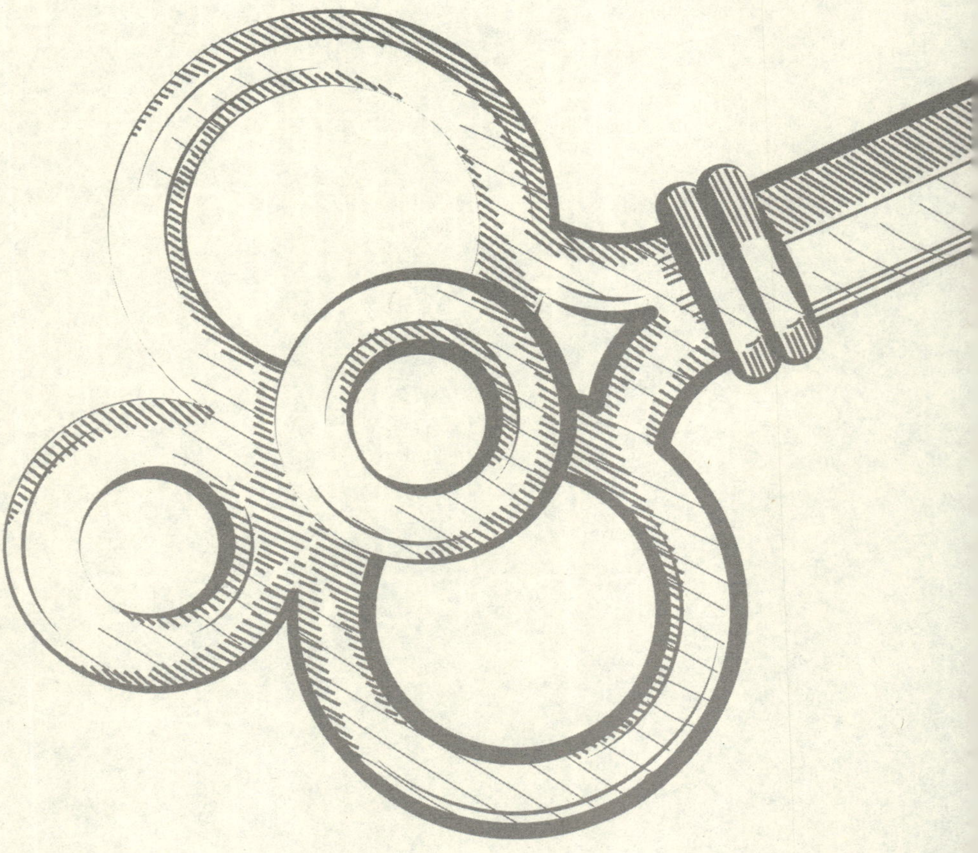

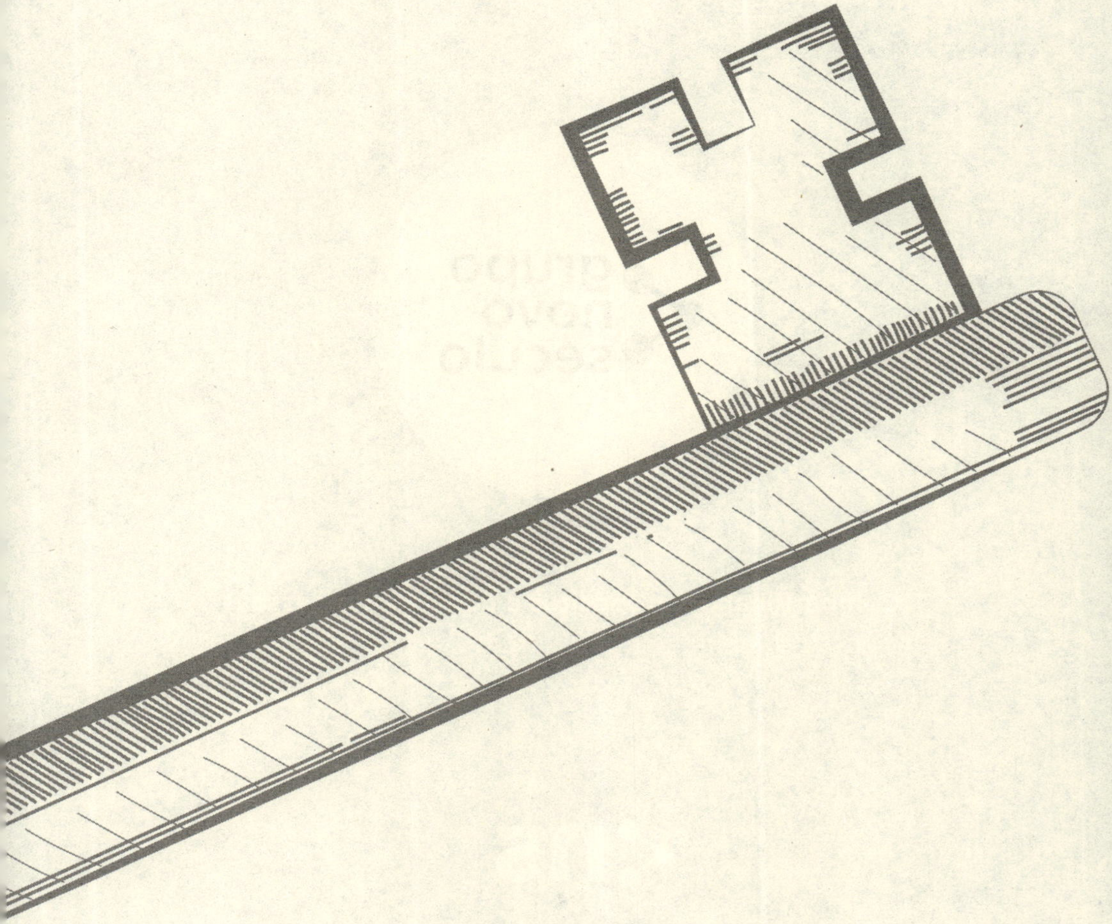

Edição: 1ª
Fonte: Archer